LES
CAVALIERS

AU PORTAIL DES ÉGLISES

PAR

M. AUDIAT.

———————

ANGERS

IMPRIMERIE P. LACHÈSE, BELLEUVRE ET DOLBEAU,
13, Chaussée Saint-Pierre.

1872

LES CAVALIERS

AU PORTAIL DES ÉGLISES

Le *Journal Officiel* du 31 mars 1869, 1re année, page 429, contenait la petite note suivante à propos des réunions à la Sorbonne des délégués des Sociétés savantes des départements :

« M. l'abbé Grasilier, de la Société des sciences et arts de Saintes, a donné lecture d'un mémoire intitulé : *L'Eglise de l'abbaye de Saintes et son cavalier*. Ce travail, des plus intéressants, donne le mot d'un problème qui a longtemps tourmenté les archéologues. Le cavalier de l'église de Saintes, d'après un passage d'une charte du XIIe siècle, est certainement la représentation de Constantin. C'est là une découverte du plus grand intérêt : car elle explique non-seulement ce bas-relief, mais les bas-reliefs analogues que l'on trouve sur le portail d'un assez grand nombre d'églises d'Aquitaine. »

Qui de nous n'a lu ces lignes avec attention, je devrais dire avec émotion ? Enfin, le terrible sphinx avait livré son secret. L'énigme était trouvée, et l'Œdipe qui nous tirait d'angoisses, qui nous épargnait des fatigues inouïes, qui nous sauvait de l'erreur, plus dangereuse que la mort, était un modeste savant qui se révélait ainsi par un coup de maître. Oui, oui, la Sorbonne a raison, c'est là une découverte du plus grand intérêt. Combien de fois ne s'est-on pas, en effet, demandé le nom de ces singuliers personnages posés au portail de nos temples comme des points d'interrogation ? Combien de fois les sessions des Congrès archéologiques et scientifiques n'ont-elles pas retenti des discussions qu'ils provoquaient, des querelles qu'ils suscitaient? Combien de fois l'illustre M. de Caumont a-t-il appelé l'attention des savants sur ces monuments de pierre encore imparfaitement étudiés ? Enfin les batailles allaient cesser, les luttes prenaient fin, et les champions courtois, qui avaient mis la lance en arrêt pour Charlemagne ou pour Pépin, pour Waifre ou Constantin, pour saint Georges ou saint Martin, pour saint Michel ou le fondateur de l'église, pour le cavalier de l'apocalypse ou l'ange frappant Héliodore, pour le type emblématique de la féodalité écrasant le peuple ou pour le symbole de la foi triomphant du monde, n'avaient plus qu'à déposer leurs armes inutiles : c'était Constantin, Constantin le Grand, l'empereur Constantin, Constantin en un mot, et non pas un Constantin quelconque, voire un de ces Constantin qui furent conseillers au présidial de Saintes, ou avocats au parlement de Bordeaux. Nous avons cru sur parole le grave organe du gouvernement, et nous avons répété en nous croisant les bras : « C'est Constantin ! » Le cavalier qu'on voit ou qu'on voyait à Caen, à Autun, à Bordeaux, à Poitiers, à Saintes, à Aulnay, à Châteauneuf, à Airvault, à Mauzé, à Benet, à Foussais, à Surgères, à Parthenay, à Melle, à Civray, c'est Constantin. Et l'opinion est faite. Aussi, un jeune archéologue, M. Georges Musset, avocat à Saintes, dans une fort importante thèse : *Essai sur l'architecture religieuse en Saintonge, aux* XIe *et* XIIe *siècles*, qui lui a valu le diplôme d'archiviste-paléographe, n'a-t-il pas hésité : « Une charte du XIIe siècle, dit-il, nous apprend que le cavalier de la façade à Notre-Dame de Saintes, était considéré, peu de temps après l'achèvement de cette façade, comme la représentation de Constantin. » Désormais l'activité des hommes distingués qui se sont occupés de ce sujet pouvait se porter ailleurs. M. de Longuemar, M. de Chergé, M. de Chasteigner, M. Fillon, M. l'abbé Michon, M. Didron, M. l'abbé Jourdain, M. de Caumont, M. Duval, M. Rondier, M. le commandant Lambron, M. de Chancel, M. l'abbé Auber, et j'en oublie, devaient, les uns battre des mains, les autres s'avouer vaincus, tous se mettre en quête d'un nouvel objet de leurs savantes recherches.

Toutefois, il était bon d'attendre les preuves apportées par le docte saintongeais, à l'appui de son dire, et d'examiner les faits, les documents qui avaient si bien convaincu les archéologues éminents, réunis à la Sorbonne en mars 1869. Le ministère de l'Instruction publique avait jadis l'habitude d'imprimer en un volume les mémoires les plus intéressants lus à ces assises annuelles de la science et de l'érudition. Le recueil de ces années-là, non plus que des suivantes, n'a pas paru. Nous étions donc destinés, ou bien à ne pas croire, ce qui était peu poli, ou bien à croire sans preuve, ce qui était dangereux. Heureusement M. l'abbé Grasilier a bien voulu prendre en pitié notre embarras. Dans les deux volumes in-4° des *Cartulaires inédits de la Saintonge*, que vient d'éditer M. Clouzot, à Niort, il a inséré, page 13, tome 2, ce paragraphe :

« Comme beaucoup d'églises de cette époque, Notre-
« Dame de Saintes avait, entre autres ornements de son
« frontispice, une statue équestre dont on ne voit plus
« que la *trace* dans le tympan de *gauche*, ou pour mieux
« dire de *droite*, conformément au langage liturgique.
« Aucun sujet, peut-être, n'a autant exercé la sagacité
« des archéologues que ces cavaliers qui offrent *tous* le
« même type et les mêmes attributs : cheval au repos,
« toge et ample manteau, pour coiffure une *couronne*,
« jamais de casque, ni d'*armes*, enfin, sous les pieds du
« cheval un être humain, dans la posture la plus humble
« ou roulant à terre. A Saint-Etienne de Caen, à la cathé-
« drale d'Autun, à Sainte-Croix de Bordeaux, à Civray, à
« Surgères, etc. Cette *uniformité de types* permet de pen-
« ser qu'on a voulu représenter ainsi partout le même
« personnage, et qu'on peut appliquer à tous ce qu'une
« de nos chartes dit de la statue équestre de Notre-Dame
« de Saintes, à savoir que c'était celle de l'empereur
« Constantin. Un chevalier, nommé Guillaume David,
« bienfaiteur de l'abbaye, vers le milieu du xiiᵉ siècle,
« désigne lui-même le lieu de sa sépulture « sous le Cons-
« tantin de Rome, qui se voit à la droite de l'église :
« *sub Constantino de Roma, qui locus est ad dexteram*
« *partem ecclesiæ* (Ch. 38). »

I.

La première question que l'on se pose est celle-ci :
Est-ce à droite? est-ce à gauche? A gauche et à droite,
peut-être, en même temps; cela dépend. C'est à gauche,
si chacun parle comme tout le monde; c'est à droite, si

l'on emprunte à l'Église son langage particulier. On voit déjà la confusion possible. Qu'un auteur, un homme du monde parle de la droite : « Erreur ! reprend l'archéologue des *Cartulaires* ; ne voyez-vous pas qu'il veut dire la gauche ? il parle la langue liturgique. » De la sorte, il va devenir impossible de déterminer nettement quelle est la droite, quelle est la gauche de la façade d'un monument religieux. Mais cette difficulté que l'écrivain soulève se dresse contre lui-même ; il devra prouver que ce bienfaiteur de l'église usait du vocabulaire technique de la liturgie, plutôt que du dictionnaire usuel de la vie. Autrement, on pourra croire qu'il a voulu forcer un peu le sens, détourner le mot de son acception vulgaire, pour les besoins de sa cause. Molière aussi parfois faisait passer le cœur de gauche à droite, et changeait tout cela.

Deuxième question : Y avait-il un cavalier à l'abbaye de Saintes ? — Je ne connais que deux historiens qui aient parlé de lui, tous deux nos contemporains ; peut-être il y en a-t-il d'autres, mais je ne crois pas, à moins que ce soit l'abbé Briand. Daniel Massiou, dans son *Histoire de la Saintonge*, I, 256, s'exprime ainsi : « Les deux fenêtres latérales, murées comme celle du milieu, encadraient aussi des figures d'un grand module qui n'existent plus, et dont une était, à ce que l'on croit, la statue équestre du comte Geoffroy Martel, fondateur de l'abbaye. » M. l'abbé Lacurie, a répété dans sa *Monographie de Saintes*, page 165 : « Dans la fenêtre de gauche était la statue équestre, en petit modèle, de Geoffroy Martel, fondateur de l'abbaye. » L'accord est complet ; le *grand module* est devenu le *petit modèle*, voilà tout.

Pourtant, j'aimerais bien voir les textes qui ont parlé de ce cavalier au temps où on le voyait. M. de Chasteignier écrit bien : « Dans la fenêtre de gauche, à la place d'honneur, du côté de l'évangile, on reconnaît la place du cavalier. » Et M. Grasilier ajoute : « On ne voit plus que la trace ; » mais cette place et cette trace ne suffisent pas. Je voudrais un document écrit, un dessin quelconque me montrant réellement là un quadrupède et un bipède qu'on n'y découvre plus. Pour vingt, trente personnes, elles ne verront que des martelures. Prévenues, peut-être elles finiront par déchiffrer une jambe; si vous les endoctrinez bien, elles se persuaderont qu'elles voient le pied d'un cavalier ; et si vous avez l'air d'y tenir beaucoup, elles reconnaîtront sans doute quelque chose qu'elles baptiseront étrier. Pour nous, nous affirmons qu'il n'y a rien de bien dessiné, aucun contour nettement défini, rien qui puisse faire affirmer incontestablement la présence d'un homme et d'un cheval. Défions-nous de l'imagination en archéologie. Donc, nécessité pour moi qu'on me démontre l'existence d'un cavalier à l'abbaye de Notre-Dame de Saintes, autrement que par des martelures plus ou moins probantes, d'autant qu'après avoir déclaré sincèrement qu' « on n'en voit plus que la trace, » l'auteur des *Cartulaires* ne manque pas de nous le décrire de point en point : « cheval au repos, toge et ample manteau, pour coiffure une couronne, enfin sous les pieds du cheval un être humain, dans la posture la plus humble ou roulant à terre. » Voilà un premier point établi; s'il y a eu un cavalier à Saintes, il n'y est plus. On n'en a point de croquis, même de description. De là impossibilité de le comparer à ceux de Poitiers ou de Bordeaux, de Caen ou d'Autun.

II.

M. l'abbé Grasilier, moins gêné, a habillé de la tête aux pieds son personnage un peu fantastique. Comment ? Par un procédé bien simple : il lui a donné l'habillement des autres. On a fait ainsi à Angoulême. Dans les restaurations récentes de la magnifique cathédrale de Saint-Pierre, on a figuré à la façade un cavalier et même deux. Y étaient-ils auparavant ? je l'ignore et j'en doute. En tous cas, on leur a prêté le costume qu'on a voulu, et pour ne pas se créer d'embarras on a fait ici saint Michel et là saint Martin. N'eût-il pas mieux valu que M. Grasilier nous trouvât la toge ou la couronne, le manteau ou la chlamyde, la cotte de maille ou la cuirasse, la lance ou le faucon de son cavalier ? Au moins nous aurions un élément de plus pour bâtir une théorie, une preuve pour ruiner un système ou pour confirmer une thèse.

Mais il n'est pas même d'accord avec d'autres archéologues. Il en est, en effet, qui prétendent que ces cavaliers ne sont pas du tout uniformes, et que, en particulier, ceux des églises d'Aquitaine sont d'un type différent. C'est ce que constatait le même *Journal Officiel* du même 31 mars 1869, à propos de la même séance en Sorbonne, et du mémoire lui-même de M. l'abbé Grasilier : « Une discussion, à laquelle prennent part MM. Chabouillet, Quicherat, Chatel et de Guilhermy, s'élève sur la question de savoir si le cavalier, figuré sur des chapiteaux à Saint-Etienne-le-Vieux de Caen, et à la cathédrale d'Autun, comporte la même explication. *La différence des attributs* s'oppose à ce qu'on fasse cette assimilation. »

Cette décision de la grave assemblée, cette constatation de différences faite par des hommes distingués dans la science archéologique, n'empêchent pas M. Grasilier de donner à tous les cavaliers du nord et du midi le même type. Il cite même les deux villes où l'on vient de signaler des attributs divers : « A Saint-Etienne de Caen, dit-il, à la cathédrale d'Autun, à Sainte-Croix de Bordeaux, à Civray, à Surgères, etc. » Qui se trompe? Les savants de la Sorbonne ou le savant de Saintes? Les uns et les autres, selon moi : car pour affirmer que le cheval de Saintes est le même que celui de Caen, que le chevalier de l'abbaye ressemble à celui de la cathédrale, il faudrait avoir vu le cheval de Saintes et le chevalier de l'abbaye. On n'est pas même bien sûr de leur existence ; en tous cas, on ne les connaît que par la place qu'ils occupaient. Chercheurs, allumez d'abord vos lanternes. Se figure-t-on sur une feuille de papier des caractères tracés au crayon que la gomme a effacés ? L'œil pourra peut-être bien reconnaître que la page blanche a été écrite ; mais il sera impossible de dire si le crayon était rouge ou noir, si les lettres étaient grecques, latines, hébraïques. La pierre de Notre-Dame n'offre de bien distinct que des coups de marteau. Celui qui y verra un manteau plus ou moins ample, une couronne plutôt qu'une toge, celui-là, je le déclare, prendra ses désirs pour des réalités, et rêvera au lieu de regarder.

III

Voici plus. Il paraîtrait que, même dans nos contrées, les statues équestres seraient loin de se ressembler. M. de Caumont assure qu'à Parthenay la statue porte sur le poing un faucon. M. de Longuemar, de Poitiers, déclare, *Bulletin monumental*, *XX*, 451, que « partout où les mutilations ne l'ont pas trop défiguré, le cavalier se montre revêtu d'habits splendides, et son cheval est richement enharnaché. Ce personnage, couronné, porte sur le poing un oiseau dressé à la chasse. » Ailleurs, on signale des éperons, une cotte de maille, une épée, malgré l'affirmation de M. Grasilier, qui n'a vu ni casque ni arme. « Ces statues, déclare M. de Chergé, *Congrès archéologique de France*, à Poitiers, 1843, page 113, sont représentées presque partout la couronne en tête, chaussées de l'éperon des chevaliers ; quelques-unes même sont revêtues de la cotte de maille ; celle de Notre-Dame de Poitiers tenait de plus une épée à la main ; toutes , sans exception, sont revêtues du grand costume de cérémonie consacré par les traditions byzantines. Quelques-unes conservent encore les traces du faucon qu'elles portaient sur le poignet. » Qui a raison ?

Quant au personnage foulé aux pieds du cheval, son existence est niée par M. de Chergé à la façade de Saint-Nicolas de Civray. « Je le répète, dit-il, *Congrès archéologique*, XIIe session, à Lille, 1845, page 69 , j'ai vu, j'ai touché de mes mains, alors qu'elles gisaient à terre, *toutes* les pierres composant la partie de la façade de Saint-Nicolas de Civray, où se trouvait la statue équestre qui la décore ; je n'ai rien vu, je n'ai rien touché autre chose qu'une statue équestre, *seule et sans accessoire*. Aucun débris, aucunes traces n'accusaient l'existence ou la *possibilité de l'existence* du personnage nécessaire pour compléter la scène à laquelle on a fait allusion. » Il est bien clair, d'après cette affirmation catégorique , que l'éditeur des *Cartulaires* n'a pu voir, « à Civray », un être humain sous les pieds du cheval. M. de Longuemar a beau plaider les circonstances atténuantes et dire que, s'il n'y est pas, il a pu y être, l'analogie exigeant sa présence, on ne peut que constater qu'il n'y est pas et demander une preuve qu'il y a été, puisqu'un savant, qui a vu et touché, dément jusqu'à la *possibilité de son existence.*

En revanche, d'autres antiquaires, au lieu de deux, voient trois personnes dans le monument, et de plus le cheval. L'abbé Venuti, de l'Académie des Inscriptions et Belles Lettres, va encore contredire M. l'abbé Grasilier, de la Société des Arts, Siences et Belles Lettres de Saintes. Cette fois il s'agit de Sainte-Croix de Bordeaux. La gravure qu'il a insérée dans son livre : *Dissertation sur les anciens monuments de la ville de Bordeaux*, montre une femme devant le cheval, et le texte porte qu'elle y a été ajoutée dans des temps postérieurs. Le cavalier, « de grandeur presque naturelle, est armé d'une cotte de maille ; il a sur sa tête la couronne de perles propre aux rois de la première race. Il lève sa main droite en attitude d'un roi pacificateur ; avec sa gauche il tient la bride de son cheval qui foule aux pieds un homme assis couvert d'un casque et armé d'une cuirasse. » On voit par là que « l'être humain » des *Cartulaires* est loin d'avoir toujours « la posture la plus humble. » J'ajoute que, d'après la gravure, il a une figure fort menaçante.

A Châteauneuf, la partie gauche de la façade est une immense arcade, dit M. l'abbé Michon, occupée par une statue équestre en relief et par une statue de femme en bas-relief, du même style que celle de Civray, d'Aubeterre, etc. « Cette femme a les cheveux tombant en deux longues tresses nattées de chaque côté de la poitrine. Quoique sa tête et ses bras soient mutilés, le reste du costume est très-bien conservé ; elle a la longue robe, la chaussure, le manteau ouvert et tout à pli derrière elle... » *Statistique monumentale de la Charente*, p. 297. Comment donc, après cette variété des types, est-il possible de prétendre que ces cavaliers sont identiques, et offrent les mêmes attributs ?

IV.

Une remarque à faire ici. Tous ces sujets sont affreusement mutilés. On n'en connaît que deux qui soient intacts, ceux-là sont sur des chapiteaux. Aux façades des églises, la dévastation a été sans pitié et n'a laissé que d'informes débris, parfois même que des traits indéfinissables. Pourquoi? Les chapiteaux ont été épargnés; ils n'étaient pas en vue et leurs dimensions étaient petites. Au portail des églises, les groupes étaient grandioses, remarquables. Ils sont tombés. Il doit y avoir une raison d'un fait universellement constaté.

Le personnage représenté avait-il encouru la haine des populations? Etait-ce un symbole qu'on voulait anéantir? un souvenir funeste, malheureux, désagréable, dont on tenait à se délivrer? J'indique la voie. Il y aurait en outre à chercher l'époque où ces statues ont subi le marteau. Celle de Sainte-Croix de Bordeaux existait encore en 1754, date où Venuti la dessinait : elle a dû disparaître en 1793, comme celle d'Aulnay. Celle d'Aubeterre fut détruite par les protestants en 1562, ainsi que celle de Notre-Dame de Poitiers, qui fut rétablie en 1592. Le chapiteau de la cathédrale d'Autun, reproduit, page 158 de l'*Abécédaire ou rudiment d'archéologie*, par M. de Caumont, montre un cavalier paisiblement assis sur sa monture, vêtu d'un manteau, portant une toge ou couronne. Un pied de cheval s'appuie sur la tête d'un personnage qui sous ce poids se plie et est presque accroupi. Même représentation au chapiteau de l'église de Feuillade, canton de Montbron, dans la Charente, avec cette différence

seule que le personnage est à quatre pattes. A Aubeterre,
écrit l'abbé Michon, page 293, « la statue équestre est
considérablement mutilée. J'ai remarqué que l'architecte
a fait creux le corps du cheval pour le rendre moins massif en raison de son grand relief. Le buste du cavalier est
brisé, ainsi que les jambes et une partie de la tête du
cheval. » Il ne parle pas du malheureux foulé aux pieds
par le cheval. A Caen, la statue qui a été encastrée dans
un mur de Saint-Etienne-le-Vieux, nous fait voir un cavalier sans tête, vêtu d'un long manteau, un cheval avec
deux pieds sans tête aussi, un individu qui roule à terre.
A Aulnay, je n'ai vu que les restes d'un cheval dans le
cimetière. M. Benjamin Fillon a été plus heureux que
moi, étant venu vingt ans avant. Dans son mémoire sur
l'église de Saint-Pierre d'Aulnay, CONGRÈS ARCHÉOLO-
GIQUE A SAINTES, p. 104, il raconte que la statue équestre,
dont les débris étaient alors déposés dans l'église, occu-
pait jadis le cintre qui s'élève au-dessus de la partie prin-
cipale. Ce n'est déjà plus la gauche de l'église. Elle était
d'un travail assez grossier. «D'après les rapports de quelques personnes âgées, j'ai appris que sa tête était ornée
d'une couronne à quatre feuilles, du genre de celles que
l'on voit aux hauts seigneurs du temps de Louis VII. Il
portait une espèce de vêtement sans manche qui couvrait
son armure. Le cheval avait le pied droit de devant levé
et appuyé sur une de ces petites figures accroupies que
l'on remarque dans la plupart des groupes du même genre,
qui ornent la façade des églises. » Saint-Hilaire, de Melle,
idem, page 94, ne présente que le corps de l'animal et un
pied de cavalier dans l'étrier.

Essayez donc, avec ces rares éléments, de formuler
une théorie !

V.

On n'y a pas manqué pourtant. L'hypothèse a cela de bon qu'elle peut favoriser la découverte de la vérité, quand on ne s'obstine pas à la prendre pour une vérité elle-même, découverte et démontrée. Les premiers qui se sont occupés de nos statues équestres y ont d'abord vu ce qu'ils ont voulu. Prosper Mérimée insinuait que c'était une imitation de l'antique. Il y avait là le cheval de Caligula, le manteau de Trajan, l'épée de Dioclétien. Puis on s'aperçut que le costume était féodal : cotte de mailles, robe tombant à plis sur le flanc, selle relevée devant et derrière le cavalier. On conclut que c'étaient des barons du moyen âge. Est-ce que les sceaux ne représentaient pas exactement ce que nous offraient les portails de nos églises? Comme si les artistes de cette époque avaient toujours respecté la couleur locale, et n'avaient pas fait assister aux scènes du Nouveau-Testament des hommes en costume de leur temps.

Venuti voit, à Sainte-Croix de Bordeaux, Pépin écrasant Waifre. « Si la sculpture n'avait pas été aussi endommagée par le temps qu'elle est, on y verrait l'épée que le roi porte à son côté; sa jambe gauche, qui seule paraît, est ornée de bandelettes croisées les unes sur les autres, semblables à celles dont Eginhard nous dit que Charlemagne se servait au lieu de chaussure et de brodequins. » Page III, il ajoute que la tradition populaire attribue ce monument à Charlemagne.

Charlemagne, en effet, s'est vu attribuer un grand nombre de ces monuments. Le populaire ne manque jamais de dire que la statue équestre de Civray est celle de Charlemagne. On vient de voir qu'il en était de même à Bordeaux; et en 1845 M. Charles de Chancel s'écriait, à propos de Châteauneuf, dans le *Bulletin de la Société archéologique de la Charente*, 1845, page 149 : « Je salue avec une sorte de solennité les restes de cette effigie impériale de Charlemagne, encore respectable dans l'état de mutilation ou ils se présentent. » Mais M. de Chergé a fait, *Congrès de Poitiers*, 31 mai 1843, remarquer que, « si les moines eussent été portés à reproduire sur le front des temples dûs à leur ciseau religieux l'image d'un des chefs des Francs, ils n'eussent certainement pas choisi pour modèle l'homme qui s'était signalé par des actes bien coupables à leurs yeux. » Voici encore pour Charlemagne : « En Poitou, les statues équestres se trouvent toutes sans exception, placées sur des façades d'églises à la fondation desquelles le fils de Pépin est resté entièrement étranger, et qui lui sont postérieures, tandis que les magnifiques églises dont il fut le fondateur certain, ne furent jamais décorées de cette image. » La basilique de Charroux, fondée par Charlemagne, avait bien une statue de Charlemagne et une de Roger, vicomte de Limoges, qui avait contribué à sa fondation, mais une statue en pied. Il en est ainsi à la cathédrale de Saint-Pierre de Saintes. La statue, mutilée par les Huguenots, est en pied, et s'élève non pas au portail, mais au côté droit du clocher.

Ne serait-ce pas saint Martin? M. Didron le croit. Il a vu le thaumaturge des Gaules, à Saint-Nicolas de Civray, coupant son manteau pour en couvrir les membres nus d'un pauvre mendiant. Or, à Civray précisément, il n'y a qu'un cheval et qu'un cavalier; puis l'église est dédiée à saint Nicolas. D'ailleurs, ajoute M. de Longuemar,

Etude sur les statues équestres, page 452, tome XX du *Bulletin monumental,* « le type adopté pour représenter l'illustre patron de la Gaule est un cavalier partageant son manteau avec un pauvre souffreteux ; il y a loin de cette commisération avec la froide dignité empreinte sur nos statues équestres. » Saint Georges, qu'on a voulu reconnaître, n'a-t-il pas aussi un type consacré par la lutte animée du cavalier avec un dragon qu'il perce de sa lance ? M. de Longuemar a raison. Mais je suis moins touché de cet autre argument : « Pourquoi ce patron de l'Angleterre placé sur tant d'églises de France à l'époque romane? » Pourquoi ? Et si précisément les statues équestres se trouvaient exclusivement dans les pays occupés par les Anglais ? Et si elles n'étaient pas de l'époque romane ?

MM. Jourdain et Duval, dans un *Mémoire* présenté au Congrès archéologique de Saintes, en 1844, soutenaient que le cavalier du Poitou n'était autre que le cavalier miraculeux dont le coursier terrassa aux pieds Héliodore, s'apprêtant à piller le temple de Jérusalem, ou bien l'ange de l'Apocalypse, — pages 95 et suivantes, *Congrès archéologique de France*, — foulant aux pieds le genre humain. On a répondu, pour la première interprétation, que nos statues ne montraient aucun mouvement violent ; quant à la seconde, on peut la renvoyer à M. l'abbé Michon qui y voit « le seigneur écrasant un pauvre main-mortable... signe de féodalité... cruelle flatterie de l'art qui a eu plus tard toutes les représailles de la part du peuple. » *Statistique monumentale*, p. 298.

VI.

Mais Constantin a aussi des titres. M. Lecointre, de la Société des Antiquaires de l'Ouest, est tout disposé à le

saluer aux façades de nos églises, lui, ou bien Charlemagne. Et en dernier M. de Longuemar se rangerait à
cet avis. Constantin a pour lui Dulaure. Ah! le bon billet
qu'a La Châtre! Dulaure, dans sa *Description historique
des ci-devant villes, bourgs, etc... de la République fran-
çaise*, dit, en parlant de Notre-Dame-la-Grande de Poitiers : « Elle fut, dit-on, construite sous le règne de l'empereur Constantin. On voit sur l'ancienne porte de cette
église, du côté de la place, une statue équestre qu'on dit
être celle de Constantin. On sait que cet empereur exigeait
que sa figure fût placée sur les églises qu'il permettait aux
chrétiens de construire. » Rien de plus grotesque, on le
voit, et pourtant un historien du Poitou, Thibaudeau, n'a
pas manqué de répéter Dulaure. « On voit, dit-il, I, 113,
sur l'ancienne porte de cette église, du côté de la place,
une statue de Constantin, ce qui prouve que cette église
a été bâtie sous le règne de cet empereur; on sait qu'en
permettant la construction des églises des chrétiens, il
exigeait qu'on mît sa représentation sur la porte. » Et
Thibaudeau, en note, cite M. de Caumont, disant dans son
Cours d'antiquités monumentales, « qu'elle remonte au
commencement du xiie siècle ou à la fin du xie! » On
pourrait même citer l'inscription gravée en 1592 sur cette
même église bâtie au xiie siècle, *sous Constantin* :

Quam Constantini pietas erexerat olim,
Ast hostis rabies straverat effigiem...

tradition populaire semblable à celle qui attribue tous
les ouvrages romains de la Gaule à Jules César. On re-
trouve ailleurs cette idée. Qu'y a-t-il là? Une tradition
est respectable, et doit être examinée. Mais comment
croire que Constantin ait fondé Aulnay, Civray, Melle,
Châteauneuf, Saintes, Aubeterre, Poitiers, Airvault, Par-

thenay, Bordeaux, Caen, Feuillade, églises du XII° siècle? Comment, selon la remarque de M. de Chergé, en
admettant la réalité de cette singulière prescription dont
les recueils spéciaux ne font point mention, comment les
décorateurs de nos temples ont ils pu, après huit cents
ans, obéir à une ordonnance depuis longtemps ensevelie
dans les ténèbres de l'oubli? Et, ajouterons-nous, comment ce décret ne fut-il guère exécuté qu'en Aquitaine?
Il y a là quelques points à éclaircir; nous laissons ce
soin à d'autres. On remarquera que, Charlemagne ou
Constantin, c'est au fond le fondateur de l'édifice que la
tradition admire dans ses hiéroglyphiques monuments.
Des savants ont pris la moitié de l'idée. Après avoir, et
cela n'était pas difficile, démontré que Charlemagne, encore moins Constantin, n'avait pu fonder des églises
du XI° ou du XII° siècle, les uns ont déclaré que ce Charlemagne ou ce Constantin étaient des personnages emblé-
matiques, et signifiaient la victoire du Christ; les autres,
que ces cavaliers représentaient les vrais fondateurs des
édifices eux-mêmes. Tel est l'avis de M. Michon; telle est
la conclusion d'un mémoire de M. Henri Lambron de
Lignim, de Tours, inséré au *Congrès archéologique de
France*, XII° session, page 144; telle est l'opinion de
M. Charles de Chergé, appuyée par M. Rondier; telle a
été aussi la décision du Congrès de Poitiers, en 1843.
En resterons-nous là? Non, l'esprit humain s'agite, la
science progresse, les archéologues étudient. Des faits
nouveaux peuvent ôter ou ajouter aux connaissances déjà
acquises. M. de Caumont a dit que la question est encore
indécise. Or, en présence des mutilations spéciales et
générales dont ces statues ont été l'objet, il n'y a que
les textes écrits qui peuvent nous donner une solution.
M. Gellibert des Seguins croyait aussi avoir trouvé le mot

du problème. Il citait à l'appui — *Bulletin de la Société archéologique de la Charente*, 1862, page 352, — une tradition du XVIᵉ siècle ; c'était Constantin. En effet, dans une enquête sur les déprédations des Huguenots à Aubeterre, 1562, « Léonard Dupuy et Mathurin Lunaud, maistres massons, demeurant en cette ville d'Aubeterre, agés scavoir : ledit Dupuy de soixante ans ou environ, et ledit Luneau de cinquante ans ou environ... déposent... que sur le pignon du portal haut, estoit une image, figurée en cheval d'un roy, prince ou autre capitaine que l'on appeloit communément Constantin : toutes lesquelles images, hautels et pareillement le parpin faisant clôture du chœur, furent trouvées rompues, brisées et démolies après ledit saccagement. » Hélas ! ce n'était que tradition. Est-ce que partout on ne dit pas que Charlemagne a bâti Saint-Pierre de Saintes, uniquement par ce qu'il a plu, vers 1470, à quelqu'un de placer sa statue au portail pour faire croire à cette idée ? Est-ce que, en 1852, les habitants de Felletin, dans la Creuse, n'ont pas élevé un monument à Quinault qu'ils croient « né dans leurs murs, » bien qu'on leur ait montré l'acte authentique de sa naissance à Paris ? Fiez-vous donc aux traditions !

VII.

M. l'abbé Grasilier, lui, a été plus heureux. C'est bien Constantin. Après avoir émis son idée en Sorbonne, après l'avoir appuyée dans son livre, il l'a soutenue dans une réunion savante. Voici ce qu'on trouve écrit dans le *Recueil des actes de la Commission des arts et monuments de la Charente-Inférieure*, tome II, nº 5, page 168, à la séance du 18 novembre 1869 : « M. de la Jallet lit un mémoire sur les statues équestres que l'on trouve sur les façades des églises. Suivant l'honorable membre, ces statues, qui ne sont que plaquées, seraient les statues de saint Georges, patron de l'Angleterre, et auraient ainsi été placées pour justifier de la suzeraineté de la nation d'Albion. »

C'est tout et c'est peu. M. Augier de la Jallet a certainement allégué d'autres raisons, développé des motifs, cité des preuves. Ce compte-rendu tronqué, écourté, ne nous apprend rien. Combien, au lieu de cette insignifiante analyse, j'aurais mieux aimé le travail lui-même en entier ! Peut-être eût-il eu autant de nouveauté qu'une réimpression réduite de la *Statistique de la Charente-Inférieure*, reproduite avec ses fautes ; et il aurait évité en outre à la Commission le désagrément de copier dans une feuille publique quelque vingt pages pour achever de compléter les 64 pages de ce même fascicule n° 5.

Le procès-verbal continue et plus longuement pour la réplique. Mais c'est la thèse que nous connaissons déjà.

« M. l'abbé Grasilier, en réponse au mémoire de M. de la Jallet, fait observer que le type de ces statues, *qui est partout le même*, ne saurait convenir à saint Georges, ni à aucun autre des personnages historiques ou symboliques qu'on y a vus jusqu'ici. Elles n'ont rien du combattant, mais plutôt tous les traits du triomphateur ou du dominateur, point d'armes, toge flottante de magistrat ; pour coiffure, quand ce personnage en a une, une toque ou une couronne, mais point de casque, la main étendue en signe de commandement ; cheval au repos, sous les pieds du cheval une forme humaine terrassée ou dans la posture la plus humble. Ce type est emprunté à des monnaies d'*empereurs romains*, notamment de Constantin. Les vestiges d'une statue semblable se voient sur la façade de l'église de l'abbaye de Saintes. Or, un texte du cartulaire de cette abbaye dit formellement que cette statue représentait Constantin. *Le type étant le même partout* et ces ouvrages se retrouvant dans des localités qui n'ont jamais été au pouvoir de l'Angleterre, on est autorisé à y voir ce même personnage , lequel , dans aucun cas, ne peut être saint Georges, pour les raisons exposées ci-dessus. — Clos et délibéré les jour, mois et an que dessus. »

M. l'abbé Auber, chanoine et historiographe du diocèse de Poitiers, avait déjà affirmé dans sa dissertation — *Des statues équestres sculptées aux tympans de quelques églises romanes et de leur signification dans l'esthétique chrétienne,* — lue au Congrès archéologique de Fontenay-le-Comte, en septembre 1864, que le type de ces statues est toujours le même. On a vu que sur ce point les archéologues sont complétement divisés. M. Grasilier ajoute que « ce type est emprnnté à des monnaies d'empereurs romains. » C'est vrai, et M. Auber en avait fait avant lui la remarque. Mais alors comment « ce type, emprunté à des monnaies d'empereurs romains, » différents de nom, peut-il convenir au seul Constantin le Grand ? On voit ce cavalier, dont le coursier « pose un de ses pieds sur la tête d'un homme assis par terre », sur un grand bronze grec où figurent à l'obvers Septime-Sévère et Géta. Pourquoi donc attribuer ce type à Constantin plutôt qu'à Septime-Sévère ? « La même idée, continue M. Auber, se trouve sur un grand bronze de Néron Claude Drusus Germanicus, mort neuf ans avant l'ère chrétienne... Au revers d'un petit bronze de Probus... Julien l'Apostat, en mémoire de ses avantages sur les Perses, se fait représenter debout; et cette fois c'est un cavalier qui succombe sous les coups de la haste qu'il cherche à éviter en se penchant sur son cheval qui s'abat. Ce même motif était reproduit presque à l'infini sur des pièces de Constantin II. »

La conclusion des deux écrivains est différente. De ce que cette image est aussi gravée sur des monnaies de Néron, de Septime-Sévère, de Probus et de Julien l'Apostat, M. Grasilier conclut que c'est celle de Constantin le Grand, Constantin de Rome. M. Auber, qui la constate avec des différences pourtant, sur les monnaies de Constantin II, de Septime-Sévère, de Probus et de Julien, conclut avec plus de logique, ce me semble, qu'elle représente un symbole : la victoire, comme l'indiquent les exergues : VIRTUS PROBI AUGUSTI, REPARATIO REIPUBLICÆ, IOVI CONSERVATORI, et que les artistes du moyen âge n'ont pas imaginé d'autre emblème pour signifier le triomphe du Christ : *Christus regnat, vincit, imperat*. Mais M. Auber aurait bien dû d'abord prouver que le type de ces statues est partout le même, qu'elles sont contemporaines de l'édifice et se trouvent par toute la France. Or, il ne les voit qu'en Anjou, en Poitou, plus rarement en Normandie. Pourquoi donc cette représentation de la victoire du Christ est-elle presque spéciale aux églises d'Aquitaine ?

M. Grasilier le sait ; c'est que le cavalier n'est autre que Constantin. En effet, il a une charte, charte du milieu du XIIe siècle, partant presque contemporaine de l'église qui montre la statue équestre. Il n'y a plus d'ondit, ni vague, ni obscurité ! Un bienfaiteur de l'abbaye de Saintes demande à être enterré sous la statue de Constantin sculptée à droite de l'église. Voilà un témoignage grave et formel. Aussi ne nous étonnons pas que les savants de la Sorbonne se soient écriés en chœur : « *Eureka*. Vous avez trouvé ! » Ainsi, les statues équestres représentent Constantin, et l'auteur de cette trouvaille y croit sincèrement.

Il y croit. La preuve, c'est qu'au lieu de laisser le monde savant sous l'impression favorable de son mémoire et le *Journal officiel* lui décerner la palme, il a édité sa thèse. L'impression est un terrible écueil. Nous avons alors les pièces en main pour juger, contrôler, apprécier. Voyons si le système résiste à l'examen, le texte à la lecture.

« Cette uniformité de type, dit l'auteur des *Cartulaires*, permet de penser qu'on a voulu représenter ainsi partout le même personnage et qu'on peut appliquer à tous ce qu'une de nos chartes dit de la *statue équestre* de Notre-Dame de Saintes ; à savoir que c'était celle de l'empereur Constantin. » Eh bien ! si vraiment la charte du xiie siècle dit cela d'un monument construit une cinquantaine d'années avant elle, il faudra se rendré ; il faut s'incliner. « Courbe la tête, fier Sicambre ; » la science victorieuse, l'archéologie triomphante te pose le pied sur le front et t'incline sous le poids des preuves. Ah! s'il n'était pas Constantin, notre groupe serait bien la raison terrassant l'orgueilleuse ignorance.

Malheureusement le texte ne parle ni d'empereur ni de statue pédestre ou équestre. « Un chevalier, nommé Guillaume David, bienfaiteur de l'abbaye, vers le milieu du xiie siècle désigne lui-même le lieu de sa sépulture « *sous le Constantin de Rome, qui se voit à la droite de l'église* : Sub Constantino de Roma, qui locus est ad dexteram partem ecclesiæ. (ch. 38). » On n'est pas plus loyal, il faut en convenir ; la pièce est mise sous nos yeux. Le texte original dit bien cela, en effet : « Conventionis hujus est intersignum, quod pecciit, ut sub Constantino de Roma qui locus est ad dexteram partem ecclesiæ tumularetur... » *Il demanda à être enseveli sous Constantin de Rome, lieu situé à la droite de l'église.* Supposons qu'à la place de *de Roma*, il y ait *imperatore*; de *locus, statua*;

et de *dexteram, sinistram;* qui donc douterait ? L'auteur des *Cartulaires* n'a pas hésité, sans doute parce qu'il y a lu ces mots *à gauche, empereur* et *statue.* Malheureusement ils n'y sont pas. Voilà pourquoi nos incertitudes redoublent.

D'abord, voyez le soin que prend Guillaume David de nettement indiquer le lieu de sa sépulture : sous Constantin, et cet endroit est à droite ; de plus, ce Constantin n'est pas seulement Constantin, mais Constantin de Rome. Comment ! Il y a une grande statue équestre de Constantin au portail gauche de la basilique ; cette statue a des proportions plus considérables que les autres de la façade ; elle doit être visible, remarquable, connue de tous ; et il éprouve le besoin de la déterminer autrement que par le mot de *Constantin !* Il croit devoir indiquer que c'est le Constantin de Rome plutôt que de Saintes ou de Pons ! que ce Constantin est à droite !

Il y a une statue de Charlemagne à Saint-Pierre de Saintes. Si jamais je demande à être enterré à ses pieds, je dirai : « Je veux être enterré sous la statue de Charlemagne, » et je promets bien de ne pas ajouter : « le Charlemagne de Paris, lieu qui se trouve à droite de l'église. » Ce serait inutile, parce qu'il n'y a qu'un Charlemagne à la cathédrale.

Mais s'il y en avait plusieurs ?...

VIII

S'il y en avait plusieurs, il faudrait spécifier. Alors on dirait « sous le Constantin de Rome ; » et « cet endroit, » c'est à droite de l'église. Cette expression *de Rome* surtout me trouble. Où et quand l'empereur Constantin, Constantin le Grand a-t-il été surnommé DE ROMA? Quelle idée avait ce David de lui donner cet *agnomen?* Où avait-il vu Constantin ainsi qualifié? Quel historien, en parlant de Constantin, a écrit : « le Constantin de Rome? »

Je ne m'arrête pas à la confusion faite de la droite et de la gauche. David veut être enseveli à droite; il dit à droite. C'est pour le mettre sous sa problématique statue équestre, que M. l'abbé Grasilier suppose que ce chevalier parlait en ce moment la langue liturgique, non la langue usuelle; la langue des clercs, non celle de ses compagnons; la langue de l'Eglise, non celle du monde. Il faudrait démontrer qu'il a dû employer ce mot *la droite* pour *la gauche.* Je n'insiste pas non plus sur l'humilité de ses prétentions. La statue équestre est en dehors de l'église. Or, ce bienfaiteur de l'église demande à être enterré en dehors de l'église qu'il a dotée ! Etait-ce bien la peine de donner cinq sous pour entretenir nuit et jour une lampe devant l'autel, puis quatre sous, puis douze deniers, puis trois sous, puis deux sous, etc.; ce qui devait faire une somme assez forte? Et tout cela pour obtenir d'être enterré autour de l'église comme les simples fidèles ! Non, ce qu'il voulait, c'était une sépulture dans l'église, peut-être même dans le chœur; c'était un lieu choisi, un endroit privilégié. Le « *locus ad dexteram partem,* était certainement *dans* l'église.

Oui, dans l'église et sous Constantin de Rome. Ces quatre lettres ROMA, qui ont été sans doute une révélation pour M. l'abbé Grasilier et l'ont fait penser à l'empereur Constantin, ont, au contraire, éveillé nos soupçons. En effet, il y a bien des Constantins au monde, et le mal est qu'il y a plus qu'une Rome aussi. Rien que dans le cartulaire de Notre-Dame de Saintes, je compte quarante-cinq Constantins; c'est un assez joli total. Il y a Constantin

tout simplement, puis Constantin le Gendre, Constantin
le Noir, Constantin le Savetier, Constantin le Gros ou le
Gras, puis Constantin Fotre, Constantin Papar, Constantin
Tola; puis Constantin d'Authon, Constantin du Clodit,
Constantin de Saint-Georges. Le cartulaire de Baigne, à
son tour, nous présente quarante-sept autres Constantins :
Constantin du Breuil, Constantin de Léoville, Constantin
du Chay. Il y en a de tous les noms, prénoms et surnoms,
de tous les états, métiers, professions, de tous les rangs,
titres, dignités. Aucun nom n'est peut-être aussi répandu
à cette époque. Aussi l'on comprend la nécessité pour
Guillaume David de désigner le Constantin au pied duquel
il désirait reposer. C'était Constantin de Rome : « *Cons-
tantinus de Roma.* »

Où est Rome? Rome est en Italie. Mais Rome est aussi
en Saintonge et en Angoumois. Il serait étonnant qu'il en
fût autrement, et que les conquérants de la Gaule n'eussent pas laissé dans les noms de lieu trace de leur passage attesté par tant de monuments. Voici la *Romade*, paroisse de Varzay et de Tanzac; *les Romades*, en Nieul-le-
Virouil; voici *Romefort*, dans les communes d'Epar-
gnes, de Mons et de Saint-Georges-des-Coteaux, et dans
la Charente, *Romefort*, commune de Saint-Front, de Saint-
Romain et d'Anais; *Romegère*, en celle de Brigeuil. Voici
Romegou, canton de Saint-Porchaire, et *Romette*, près de
Saint-Porchaire; voici *Romée*, dans la paroisse de Sainte-
Gemme. Déjà dans ses *Recherches topographiques sur les
antiquités gauloises et romaines de Saintonge*, François-
Marie Bourignon constatait, p. 59, que Séguier, à propos
du mot *Roma* gravé sur une pierre, soupçonnait l'existence
autour de Saintes d'une localité portant « un nom appro-
chant de celui de *Roma*. » Il continuait : « Je ne vois que
Romefort, à une lieue de Saintes, *Romegou* à trois lieues,

et *Romagnole* à cinq lieues, sur la route de Saint-Jean-d'Angély. » Il oubliait *Romette* et *Romée*. Un hameau de la commune de Rioux-Martin, dans la Charente, s'appelle même tout simplement *Rome*. N'est-il pas évident que tous ces noms ont dû se traduire par *Roma*, avec ou sans suffixe ? Le *Cartulaire* de Baigne aurait même pu montrer, page 220, charte DXXVII, un Arnaud de Romas, « *terram Arnaudi de Romas*, » dans la paroisse de Saint-Germain-de-Lusignan, vers 1078. Il y a encore dans la commune de Neuillac, canton d'Archiac, une gentilhommière du nom de *Romas*. N'est-il pas clair comme le jour que le ROMA était une terre, un fief, une propriété, non la ville capitale de l'univers, et que ce Constantin était, non pas le fondateur de Constantinople, mais bien un Constantin, seigneur de Rome, Romette, Romée, Romade, Romefort, ou Romegou ?

Des Constantins formèrent une branche de la maison de Pons. Au XVIIᵉ siècle, des Constantins étaient seigneurs de Romefort. Ceux-là étaient du parlement de Bordeaux ; les descendants subsistent. Il serait vraiment étrange que M. l'abbé Grasilier ait pris un des leurs pour le grand Constantin. Après tout, ces choses n'arrivent qu'aux savants.

* *
*

Je finis cette trop longue dissertation et je la résume :

Il me paraît que, malgré le chant de triomphe prématurément entonné, le dernier mot n'est pas dit sur les statues équestres de nos églises. Les observations n'ont été que partielles ; elles doivent devenir générales. Les mutilations nombreuses empêchent de reconnaître si le type était uniforme. Il faudrait examiner encore, et puis trouver des textes.

Pour moi, je suis frappé de ces trois faits : l'état de dégradation de *toutes* ces statues. On n'en connaît pas une d'intacte, bien que les autres sculptures qui les environnent n'aient que peu, ou point du tout, souffert ; les dimensions sont hors de proportions avec les personnages de la façade, tellement que le cheval d'Aubeterre a dû être creusé, étant trop massif pour se tenir sur ses quatre pieds. Enfin je demanderai aux archéologues, s'ils sont bien sûrs que ces monuments soient contemporains de l'édifice. J'ai des doutes. J'ai vu le cheval d'Aulnay ; il me paraît de beaucoup postérieur à l'église romane. Puis, s'il y a eu un cavalier à l'abbaye des Dames de Saintes, ce que je ne veux pas nier absolument, j'affirme qu'il a été plaqué là. Les pierres destinées à le porter ont été rapportées, étant en saillie de dix centimètres au moins. Il m'a paru qu'il y avait là un champ nouveau d'investigations ouvert. Je me permets de les signaler, moi ignorant, aux doctes qui me liront.

Sans doute, ce mémoire manque de conclusion. Cependant n'est-ce pas déjà une conclusion que d'avoir montré qu'il ne fallait pas conclure ? J'ai voulu, du reste, simplement prouver qu'on s'était trop pressé, et qu'il reste encore beaucoup à étudier, en résumant avec textes à l'appui ce qui a été dit sur cette difficile question. C'est un inventaire, et encore je sais qu'il est incomplet. Mais ces textes épars, ces opinions disséminées, étant remis ici, serviront à de plus habiles.

(Extrait du *Congrès archéologique de France.* — XXXVIIIe session).

ANGERS, IMPRIMERIE P. LACHÈSE, BELLEUVRE ET DOLBEAU.